PROGRAMACIÓN SHELL

Aprende Programación de Shell de Linux Paso por Paso

(Shell Scripting en Español/ Shell Scripting in Spanish)

James Anderson

TABLA DE CONTENIDOS

Capítulo 1

Introducción a la Programación de Shell

Lo que aprenderás en este capítulo

Introducción a los sistemas operativos UNIX y Linux

Entender la programación de Shell

Lo que necesitarás para este capítulo

PC con sistema operativo Linux /UNIX

¿Qué es UNIX/Linux?

UNIX es uno de los sistemas operativos más populares que originalmente fue desarrollado por Bell Labs en los 1970s. UNIX también es un sistema operativo de computadora multi usuario, lo que significa que muchos usuarios pueden abrir y usar el Shell para acceder al kernel al mismo tiempo. UNIX es un sistema operativo comercial.

Linux es un sistema operativo como el sistema operativo UNIX pero es de código abierto y código abierto aquí significa que puedes echar un vistazo al diseño interno (Kernel) y también puedes modificar su código y personalizarlo, el sistema operativo Linux puede ser usado en servidores, PCs, dispositivos móviles y dispositivos embebidos o dispositivos no computacionales. Hay muchas distribuciones o versiones de Linux tales como Ubuntu, Debian, Kubuntu, Red hat, Fedora, OpenSUSE y muchas más.

Comprendiendo el Shell

Sé que tienes una pregunta la cual es "¿Qué es exactamente el Shell?" el Shell es la línea de comandos que usas para acceder al kernel del sistema operativo, para hacerlo claro, el Shell es simplemente un programa que toma tus comandos del teclado y los pasa al sistema operativo. Todas las versiones de Linux soportan el programa de Shell del proyecto GNU llamado Bash. El nombre Bash es el acrónimo de "Bourne Again Shell", el Shell original de UNIX desarrollado por Steve Bourne.

Si miras los menús de tu escritorio, puedes encontrar uno de los shells. El ambiente de escritorio GNOME usa la terminal gnome y KDE usa Konsola, puedes simplemente llamarla "terminal" en tu menú. Hay muchos emuladores de terminal que están disponibles para el sistema operativo Linux, pero puedes usar cualquiera para el mismo propósito porque hacen lo mismo; lo cual te permite acceder al Shell, entonces empecemos a trabajar con el emulador, verás algo como esto

Esto se llama el prompt del Shell y lo verás si el Shell está listo para recibir tu entrada, también puedes verlo de otra forma dependiendo de la distribución que uses, la línea anterior significa lo siguiente YourUSer= nombre de usuario, Linux = nombre de máquina e irá seguido de tu espacio de trabajo actual. Puedes ver "#" o "$" al final del prompt

- "#" → esto significa que tienes los privilegios de súper usuario

- "$" → esto significa que no tienes los privilegios de administrador

Vamos a introducir cualquier comando aleatorio en el prompt

[Youruser @ linux ~] $ dfdf454df

El Shell dirá lo siguiente

Bash: dfdf454df: command not found

[Youruser @ linux ~] $

La historia de tu comando

Si quieres repetir cualquier comando sin escribirlo de nuevo puedes simplemente presionar el botón de flecha hacia arriba en tu teclado

● Ten en mente que ctrl + c y ctrl+ v para copiar y pegar no funcionan en el Shell

Escribamos algunos commandos

[Youruser @ linux ~] $ date

Sat Jul 29 17:39:28 EET 2017

Por su nombre, date puede usarse para mostrar la fecha actual

[Youruser @ linux ~] $ cal

July 2017

Su Mo Tu We Th Fr Sa

1

2 3 4 5 6 7 8

9 10 11 12 13 14 15

16 17 18 19 20 21 22

23 24 25 26 27 28 29

30 31

El comando cal es un comando relacionado al comando de fecha que puede ser usado para mostrarte el calendario

Si quisieras ver los detalles de tu espacio libre puedes escribir df

Filesystem	1K-blocks	Used	Available	Usc%	Mounted on
/dev/sda1	19620732	4600964	14000020	25%	/
udev	10240	0	10240	0%	/dev
tmpfs	217280	5104	212176	3%	/run
tmpfs	543196	160	543036	1%	/dev/shm
tmpfs	5120	4	5116	1%	/run/lock
tmpfs	543196	0	543196	0%	/sys/fs/cgroup

También puedes escribir el comando free para echar un vistazo al espacio libre de la memoria

[Youruser @ linux ~] $ free

	total	used	free	shared	buffers	cached
Mem:	1086392	1007544	78848	3036	53092	295252
-/+ buffers/cache:		659200	427192			
Swap:	901116	12888	888228			

Si quisieras terminar la sesión de la terminal o cerrarla puedes usar el comando exit

[Youruser @ linux ~] $ exit

Navegación

Si quisieras ser más astuto al trabajar con el Shell deberías saber cómo navegar el sistema de archivos en Linux. Hay tres comandos importantes

● cd → cambiar directorio

● pwd → este comando puede usarse para imprimir el directorio de trabajo actual

● ls → este comando lo usarás para listar el contenido del directorio actual

En Linux el primer directorio es llamado raíz (root), deberías estar consciente de que los directorios en Linux se organizan en tres patrón de árbol (directorio en Linux como carpeta en Windows), en ventanas, hay un sistema de archivo separado para cada dispositivo /almacenamiento, pero en Linux /UNIX hay un solo árbol de archivo de sistema

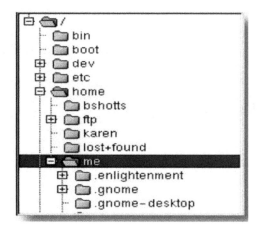

Si quisieras mostrar el directorio de trabajo actual escribe el comando pwd en la terminal

[Youruser @ linux ~] $ pwd

/home/me

● **En Linux cada usuario tiene su propio directorio de hogar**

Ahora vamos a mostrar los contenidos del directorio, sólo escribamos el comando ls en la ventana de la terminal

[Youruser @ linux ~] $ ls

Desktop Documents Music   Public

Desktop Downloads Pictures Templates Videos

El tercer comando importante es el comando cd

Para cambiar el directorio de trabajo, puedes escribir el comando cd seguido del nombre de la ruta (pathname)

```
[Youruser @ linux ~] $ cd /usr/bin



[Youruser @ linux ~] $ pwd
/usr/bin


[Youruser @ linux bin] $ ls
[                    pamoil
2to3                 pamon
2to3-2.7              pamstack
2to3-3.4              pamstretch
411toppm                pamstretch-gen
7z                   paperconf
7za                  paplay
a2p                  parec
aconnect                parecord
acpi                 parsechangelog
acpi_listen             partx
addpart                 passwd
alacarte             paste
```

13

alsaloop   pasuspender

Preguntas

1. ¿Qué es Linux?

2. ¿Cuáles son las funciones del Shell?

3. ¿Qué comando puede usarse para las siguientes opciones?

   - Cambiar directorio

   - Imprimir el directorio de trabajo actual

   - Mostrar el espacio libre de la memoria

Capítulo 2

Explora tu Sistema

Lo que aprenderás en este capítulo

Entender los comandos file, less, ls

Conocer los directorios importantes de cualquier distribución Linux

Lo que necesitarás para este capítulo

PC con sistema operativo Linux/ UNIX

Disfruta trabajando con la línea de comando

Intentemos movernos por tu sistema de archivos, esta vez será ir más profundo con sistema de archivos Linux, de modo que aprenderás más comandos para este propósito

- ls – puedes usar este comando para listar contenidos de directorio

- file – este comando puede usarse para determinar el tipo de archivo

- less – usarás este comando para ver los contenidos

Puedes empezar escribiendo el comando ls

[Youruser @ linux ~] $ ls

Desktop Games Audio Photos Public Templates Videos

también puedes especificar el directorio que quieres que muestre su contenido

[Youruser @ linux ~] $ ls /usr

bin games include lib local sbin share src x86_64-linux-gnu

También puedes usar este commando para mostrar más detalles

[Youruser @ linux ~] $ ls -l

total 56

drwxr-xr-x 2 Youruser 4096 Jun 13 15:33 Desktop

drwxr-xr-x 2 Youruser 4096 Apr 22 12:32 Documents

drwxr-xr-x 2 Youruser 4096 Apr 22 12:32 Downloads

-rw-r--r-- 1 Youruser 8980 Apr 22 12:02 examples.desktop

-rw-rw-r-- 1 Youruser 1050 Apr 27 09:36 Hello.cpp

-rw-rw-r-- 1 Youruser 139 Apr 27 09:36 Hello.layout

drwxr-xr-x 2 Youruser 4096 Apr 22 12:32 Music

drwxr-xr-x 2 Youruser 4096 Apr 22 12:32 Pictures

drwxr-xr-x 2 Youruser 4096 Apr 22 12:32 Public

drwxrwxr-x 3 Youruser 4096 Apr 27 10:32 sketchbook

drwxr-xr-x 2 Youruser 4096 Apr 22 12:32 Templates

drwxr-xr-x 2 Youruser 4096 Apr 22 12:32 Videos

luego de añadir la l cambiaste el formato de la salida de hecho

Opciones y Argumentos

Cuando quieres escribir un comando mayoritariamente seguirás el comando con una opción o un argumento (uno o más). De modo que el comando lucirá así

command -option argument

[Youruser @ linux ~] $ ls -l

[Youruser @ linux ~] $ ls -l –reverse

Por ejemplo el comando ls tiene muchas opciones

-a | –all | Para listar todos los archivos

-A | --almost-all | Para listar todos los archivos pero sin listar el directorio parental ni actual

-d | --directory | Si especificaste un directorio en este caso el ls te mostrará el contenido de este directorio

-F | --classify | Para añadir el carácter al final de tu nombre listado

-h | --human-readable | Para mostrar el tamaño de los archivos en un lenguaje legible.

Y muchas más…

Si quisieras conocer el tipo de cualquier archivo puedes usar el comando file seguido del nombre del archivo, por ejemplo:

[Youruser @ linux ~] $ cd /usr/bin

[Youruser@linux:/usr/bin]$ ls

[	mcd
2to3	mcheck
2to3-2.7	mclasserase

2to3-3.4	mcomp
a2p	mcookie
aconnect	mcopy
acpi_listen	mc-tool
activity-log-manager	mc-wait-for-name
add-apt-repository	md5sum
addpart	md5sum.textutils
addr2line	mdel
alsaloop	mdeltree

Verás algo como eso (y más archivos)

[Youruser@linux:/usr/bin]$ file mcd

mcd: symbolic link to `mtools'

Mostremos el contenido del archivo con el comando less

less es un comando para mostrarte el contenido de un archivo

puedes escribirlo de la siguiente forma less + el nombre de tu archivo

por ejemplo

[Youruser @ linux ~] $ cd /usr/bin

[Youruser@linux:/usr/bin]$ ls

Youruser@linux:/usr/bin]$ less /etc/passwd

root:x:0:0:root:/root:/bin/bash

daemon:x:1:1:daemon:/usr/sbin:/usr/sbin/nologin

bin:x:2:2:bin:/bin:/usr/sbin/nologin

sys:x:3:3:sys:/dev:/usr/sbin/nologin

sync:x:4:65534:sync:/bin:/bin/sync

games:x:5:60:games:/usr/games:/usr/sbin/nologin

man:x:6:12:man:/var/cache/man:/usr/sbin/nologin

lp:x:7:7:lp:/var/spool/lpd:/usr/sbin/nologin

mail:x:8:8:mail:/var/mail:/usr/sbin/nologin

news:x:9:9:news:/var/spool/news:/usr/sbin/nologin

uucp:x:10:10:uucp:/var/spool/uucp:/usr/sbin/nologin

proxy:x:13:13:proxy:/bin:/usr/sbin/nologin

www-data:x:33:33:www-data:/var/www:/usr/sbin/nologin

backup:x:34:34:backup:/var/backups:/usr/sbin/nologin

list:x:38:38:Mailing List Manager:/var/list:/usr/sbin/nologin

You will get something like that you can press space to reach to the end

kernoops:x:112:65534:Kernel Oops Tracking Daemon,,,:/:/bin/false

pulse:x:113:124:PulseAudio daemon,,,:/var/run/pulse:/bin/false

rtkit:x:114:126:RealtimeKit,,,:/proc:/bin/false

saned:x:115:127::/var/lib/saned:/bin/false

usbmux:x:116:46:usbmux daemon,,,:/var/lib/usbmux:/bin/false

colord:x:117:128:colord colour management
daemon,,,:/var/lib/colord:/bin/false

hplip:x:118:7:HPLIP system user,,,:/var/run/hplip:/bin/false

lightdm:x:119:129:Light Display Manager:/var/lib/lightdm:/bin/false

youruser:x:1000:1000:BebO,,,:/home/bebo:/bin/bash

(END)

comando Less/ opciones

q → salir de less

b → regresar una página

h → para mostrar la pantalla de ayuda

g → para ir al final del archivo

Directorios importantes en cualquier sistema Linux

/ → El directorio raíz o el punto inicial desde dónde todo empieza

/bin→ En este directorio puedes encontrar el archivo de inicio del sistema

/dev→ Este directorio tiene los nodos de dispositivo (contiene el dispositivo de sistema como archivos)

/etc→ Este directorio tiene los archivos config del sistema y guiones para los servicios del sistema)

/home→ Home es el directorio en el que toda cuenta de usuario puede escribir

/usr/bin → Tiene todos los programas instalados para la distribución/versión de Linux

/usr/local → Tiene los programas que has instalado

/var→ Este árbol de directorio lo puedes usar para cambiar tus datos (DBs, correos)

/proc → Es un sistema de archivos virtual que te muestra cómo el kernel organiza tu computadora

Preguntas

1. Si quieres listar el contenido de algún directorio, ¿qué comando usarás?

2. Define el uso de los siguientes ítems

    - /

    - /root

    - /usr/b

3. ¿Cuál es la diferencia entre los comandos less y ls?

Capítulo 3

Cambia y Manipula tus archivos

Lo que aprenderás en este capítulo

Crear y manipular archivos

Lo que necesitarás para este capítulo

PC con sistema operativo Linux/UNIX

Manipula tus directorios

En esta parte trabajarás con los siguientes commandos

- **cp** → usarás este comando para copiar archivos y directorios

- **mv** → para mover o renombrar tus archivos y directorios

- **rm** → para borrar tus archivos o directorios

- **mkdir** → para crear un directorio

- **ln** → para crear enlaces duros

Puedes usar estos comandos para manipular ya sean tus archivos o directorios en Linux

De hecho, sé que tienes una pregunta en tu mente ahora, la cual es " ¿Por qué usamos estos comandos para copiar, pegar, cortar o borrar archivos a pesar de que podemos usar el administrador de archivos en lugar de la línea de comando?"

La respuesta es muy fácil: la línea de comando es más poderosa y más flexible

Por ejemplo, si tienes muchos archivos que deberían ser manipulados, en este caso si tienes la línea de comando será mucho más fácil que usar el administrador de archivos.

¿Qué son comodines o globbing?

Un comodín o globbing es una característica en un Shell que te permite seleccionar los archivos en base a patrones de caracteres

Ejemplos de comodines

* → para emparejar tus caracteres

?→ para emparejar caracteres solitarios

[Characters] → puedes emparejar un carácter que del grupo de caracteres

[! Characters] → puedes emparejar un carácter que no es del grupo de caracteres

[[: class:]] → para emparejar un carácter que es de la clase

Ejemplos de clases que usarás

[: alnum:] → por su nombre sirve para emparejar caracteres alfa-numéricos

[:alpha:] → para emparejar tus caracteres alfa

[:digit:] → para **emparejar números**

[:lower:] → para emparejar letras minúsculas

[:upper:] → para emparejar las letras mayúsculas

Ejemplos de Patrones

*→ Todos los archivos

C*→ Cualquier archivo que empiece con c

h.txt*→ Cualquier archivo que empiece con h y termine con .txt

Data. [1-8][5-7][3-4]→ Cualquier archivo que empiece con data y esté seguido por estos números

Puedes usar los comodines en GUI también, por ejemplo:

- Administrador de archivos Nautilus (ambiente GNOME)

- Administrador de archivos DOlphin (ambiente KDE)

Mkdir (este comando se usa para crear un directorio)

[Youruser @ linux ~] $ mkdir directory

También puedes crear más de un directorio usando la misma línea de comando

[Youruser @ linux ~] $ mkdir d1 d2 d3 d4

cp (este comando se usa para copiar directorios y archivos)

[Youruser @ linux ~] $ cp d1 d2 d3

Si quieres copiar un archivo específico de un directorio específico

[Youruser @ linux ~] $ cp f1 d1

mv (este comando se usa para mover y renombrar directorios y archivos)

[Youruser @ linux ~] $ mv d1

[Youruser @ linux ~] $ mv f1 d1

rm (este comando se usa para remover directorios y archivos)

[Youruser @ linux ~] $ rm d1

● Ten conciencia de que si estás usando el comando rm en Linux, ¡no puedes recuperar o restituir el archivo o directorio de nuevo!!!

ln (este comando se usa para crear enlaces)

para crear un enlace duro

[Youruser @ linux ~] $ ln f1 link

para crear un enlace simbólico

[Youruser @ linux ~] $ ln -s f1 link

Enlaces duros

Es la vieja forma de crear un enlace en el sistema UNIX original, pero tiene algunas desventajas

- No puede referirse a un archivo fuera de su sistema de archivos

- No puede referirse a un directorio

Enlace Simbólico

Es la manera nueva o moderna de crear un enlace en sistemas como UNIX tales como Linux, pero esta vez sin las desventajas de los enlaces duros, entonces ahora

- Puede referir un archivo fuera de su sistema de archivos

- Puede referir a un directorio

Practiquemos algunos comandos

[Youruser @ linux ~] $ cd

[Youruser @ linux ~] $ mkdir practice

Ahora crearemos 2 directorios dentro del directorio de práctica

[Youruser @ linux practice] $ mkdir d1 d2

Ahora es tiempo de copiar…

Copiarás el archivo passwd del directorio etc al directorio de práctica

[Youruser @ linux practice] $ cp /etc/passwd practice

Youruser @ linux :~/practice$ ls -l

total 12

drwxrwxr-x 2 Youruser Youruser 4096 Aug 1 06:20 d1

drwxrwxr-x 2 Youruser Youruser 4096 Aug 1 06:20 d2

-rw-r--r-- 1 Youruser Youruser 2195 Aug 1 06:25 practice

Ahora repite la copia usando v

Youruser @ linux :~/practice$ cp -v /etc/passwd practice

'/etc/passwd' -> 'practice'

Youruser @ linux: ~/practice$ cp -i /etc/passwd practice

cp: overwrite 'practice'?

Si quieres sobrescribir la respuesta de archivo con "y", si no responde
con algún otro carácter como "n"

Ahora cambiemos el nombre de nustro archivo psswd a cualquier otro
nombre

Youruser @ linux :~/practice$ mv passwd noname

Vamos a moverlo ahora

Youruser @ linux :~/practice$ mv noname d1

Ahora múevelo de d1 a d2

31

Youruser @ linux :~/practice$ mv d1/noname d2

Youruser @ linux :~/practice$ mv d2/noname

Ahora de Nuevo a

 Youruser @ linux :~/practice$ mv noname d1

Then we will move d1 into d2 and confirm with ls

Youruser @ linux :~/practice$ mv d1 d2

Youruser @ linux :~/practice$ ls –l d2

```
total 4
drwxrwxr-x 2 Youruser Youruser 4096 2008-01-11 06:06 dir1
Youruser @linux practice$ ls -l d2/d1
total 4
-rw-r--r-- 1 Youruser Youruser 1650 2017-01-8 16:33 noname
```

debido a que d2 ya existía , mv movió d1 dentro de d2

vamos a devolver todo

Youruser @ linux :~/practice$ mv d2/d1

Youruser @ linux :~/practice$ mv d1/noname

Creación de Enlaces Duros

Youruser @ linux :~/practice$ ln noname noname-hard

Youruser @ linux :~/practice$ ln noname d1/noname-hard

Youruser @ linux :~/practice$ ln noname d2/noname-hard

Vamos a echarle un vistazo a nuestro directorio

Youruser @ linux :~/practice$ ls –l

drwxrwxr-x 2 Youruser Youruser 4096 2017-08-1 16:17 dir1

drwxrwxr-x 2 Youruser Youruser 4096 2017-08-1 16:17 dir2

-rw-r--r-- 4 Youruser Youruser 1650 2017-01-08-1 16:33 noname

-rw-r--r-- 4 Youruser Youruser 1650 2017-01-08-1 16:33 noname-hard

Añadamos una "i" al comando ls-l y veamos

Youruser @ linux: ~/practice$ ls –li

total 16

12353539 drwxrwxr-x 2 Youruser Youruser 4096 2017-08-1 16:17 d1

12353540 drwxrwxr-x 2 Youruser Youruser 4096 2017-08-1 16:17 d2

12353538 -rw-r--r-- 4 Youruser Youruser 1650 2017-08-1 16:33 noname

12353538 -rw-r--r-- 4 Youruser Youruser 1650 2017-08-1 16:33 noname-hard

Creación de Enlaces Simbólicos

Youruser @ linux: ~/practice$ ln -s noname noname-sym

Youruser @ linux: ~/practice$ ln -s ../noname d1/noname-sym

Youruser @ linux: ~/practice$ ln -s ../noname d2/noname-sym

Youruser @ linux: ~/practice$ ls –l d1

total 4

-rw-r--r-- 4 Youruser Youruser 1650 2017-08-1 16:33 noname-hard

lrwxrwxrwx 1 Youruser Youruser 6 2017-08-1 15:17 noname-sym -> ../noname

Youruser @ linux: ~/practice$ ln -s d1 d2-sym

Youruser @ linux: ~/practice$ ls –l

total 16

drwxrwxr-x 2 Youruser Youruser 4096 2017-08-1 15:17 d1

lrwxrwxrwx 1 Youruser Youruser 4 2017-08-1 14:45 dir1-sym -> d1

drwxrwxr-x 2 Youruser Youruser 4096 2017-08-1 15:17 d2

-rw-r--r-- 4 Youruser Youruser 1650 2017-08-1 16:33 noname

-rw-r--r-- 4 Youruser Youruser 1650 2017-08-1 16:33 noname-hard

lrwxrwxrwx 1 Youruser Youruser 3 2017-08-1 15:15 fun-sym -> noname

Remoción de Archivos y directories

Youruser @ linux: ~/practice$ rm noname-hard

Youruser @ linux: ~/practice$ ls –l

total 12

drwxrwxr-x 2 Youruser Youruser 4096 2017-08-1 15:17 d1

lrwxrwxrwx 1 Youruser Youruser 4 2017-08-1 14:45 dir1-sym -> d1

drwxrwxr-x 2 Youruser Youruser 4096 2017-08-1 15:17 d2

-rw-r--r-- 3 Youruser Youruser 1650 2017-08-1 16:33 noname

Lrwxrwxrwx 1 Youruser Youruscr 3 2017-08-1 15:15 noname-sym ->
noname

Sea I nuestro comando

Youruser @ linux: ~/practice$ rm -i fun

rm: remove regular file `fun'? enter 'y' for yes or any other for no

Youruser @ linux: ~/practice$ ls -l

total 8

drwxrwxr-x 2 Youruser Youruser 4096 2017-08-1 15:17 d1

lrwxrwxrwx 1 Youruser Youruser 4 2017-08-1 14:45 dir1-sym -> d1

drwxrwxr-x 2 Youruser Youruser 4096 2017-08-1 15:17 d2

lrwxrwxrwx 1 Youruser Youruser 3 2017-08-1 15:15 noname-sym ->
noname

Preguntas

1. ¿Cuál es la diferencia entre enlaces duros y simbólicos?

2. Da un ejemplo de globbing o comodines

3. Crea 3 directorios y colócalos en 3 archivos y remueve todos los archivos

Capítulo 4

Ve más a profundidad con la línea de Comando

Lo que aprenderás en este capítulo

 Aprender más comandos

Lo que necesitarás para este capítulo

PC con sistema operativo Linux/UNIX

Intentemos aprender algunos comandos nuevos y veamos lo que pasará

Comando type

Youruser @ linux:~$ type cd

cd is a shell builtin

Youruser @ linux:~$ type ls

ls is aliased to `ls --color=auto'

Youruser @ linux:~$ type less

less is /usr/bin/less

Youruser @ linux:~$ type mv

mv is /bin/mv

Comando which

Youruser @ linux:~$ which less

/usr/bin/less

Youruser @ linux:~$ which mv

/bin/mv

Youruser @ linux:~$ which ls

/bin/ls

Youruser @ linux:~$ which cp

/bin/cp

Comando Help

Youruser @ linux:~$ help cd

cd: cd [-L | [-P [-e]] [-@]] [dir]

Change the shell working directory.

Cambia el directorio de trabajo del shell.

Cambia el directorio actual a DIR. El DIR por defecto es el valor de la variable shell HOME

La variable CDPATH define el camino de búsqueda para el directorio que contiene el DIR. Nombres alternativos de directorio en CDPATH son separados por dos puntos (:).

Un nombre de directorio nulo es lo mismo que el directorio actual. Si DIR empieza con un slash (o barra oblicua) (/) entonces CDPATH no se usa.

Si el directorio no se encuentra, y la opción de shell "cdable_vars" es fijada, se asume qu la palabra es el nombre de una variable. Si esa variable tiene un valor, su valor se usa para el DIR.

Opciones:

-L Fuerza a que los enlaces simbólicos sean seguidos: resuelve enlaces simbólicos en el DIR luego de procesar instancias de ".."

-P Usa el directorio físico sin seguir los enlaces simbólicos: resuelve enlaces simbólicos en el DIR antes de procesar instancias de ".." -e Si la opción P es suministrada, y el directorio de trabajo actual no puede ser determinado exitosamente, sale con un estatus sin cero

-@ En sistemas que lo soportan, presenta un archivo con atributos extendidos como un directorio conteniendo los atributos de archivo

La opción por defecto es seguir los enlaces simbólicos, como si "-L" fuese especificada. ".." es procesado al remover el componente de nombre de archivo (pathname) inmediatamente previo, de vuelta a un slash o al inicio del DIR.

Exit Status:

Regresa 0 si el directorio es cambiado, y si $PWD es fijado exitosamente cuando –P se usa; sin cero de lo contrario.

Otro uso para el comando help es describir las opciones del commando Youruser @ linux:~$ mkdir --help

Usage: mkdir [OPTION]... DIRECTORY...

Crea el/los DIRECTORIO(s) si no existen ya.

Los argumentos obligatorios para opciones largas son obligatorios para opciones cortas también.

 -m, --mode=MODE   configura el modo de archivo (como en chmod), no

-p, --parents   ningún error si existe, hace directorios parentales
como se necesite

  -v, --verbose   imprime un mensaje para cada directorio creado

  -Z   configura el contexto de seguridad SELinux para cada
directorio creadoal tipo por defecto

  --context[=CTX] al igual que Z, o si el CTX es especificado,
entonces configura el contexto de seguridad SELinux o SMACK para
CTX

  --help   muestra ayuda y exit

  --version muestra la información de versión y exit

Ayuda en Línea de GNU: <http://www.gnu.org/software/coreutils/>

Documentación total en:
<http://www.gnu.org/software/coreutils/mkdir>

O disponible localmente vía: info '(coreutils) mkdir invocation'

Comando man (para mostrar la página manual)

Youruser @ linux:~$ man cp

CP(1)   User Commands   CP(1)

NAME

   cp - copy files and directories

SYNOPSIS

   cp [OPTION]... [-T] SOURCE DEST

   cp [OPTION]... SOURCE... DIRECTORY

cp [OPTION]... -t DIRECTORY SOURCE...

DESCRIPTION

Copia la fuente (SOURCE) a DEST, o múltiples SOURCES al directorio (DIRECTORY).

Argumentos obligatorios para opciones largas son obligatorios para opciones cortas también.

-a, --archive

Igual que -dR --preserve=all

--attributes-only

No copia los datos de archivo, sólo los atributos

-b   Como --backup, pero no acepta un argumento

--copy-contents

Copia contenidos de archivos especiales cuando se usa

-d   igual que --no-dereference --preserve=links

-f, --force

Si la ubicación existente de un archivo no puede abrirse, la remueve e intenta de nuevo (esta opción se ignora cuando la opción -n también se usa)

-i, --interactive

Prompt antes de sobrescribir (desactiva una opción -n previa))

-H   Sigue los enlaces simbólicos de la línea de comando en SOURCE

-l, --link

Enlaza duramente los archivos en lugar de copiar

-L, --dereference

Manual page cp(1) line 26 (presiona h para ayuda o q para salir)

Comando info

Youruser @ linux:~$ info ls

File: coreutils.info, Node: ls invocation, Next: dir invocation, Up: Directo\

ry listing

10.1 'ls': List directory contents

====================================

El programa "ls" lista información de archivos (de cualquier tipo, incluyendo directorios). Las opciones y argumentos de archivos pueden ser inter mezcladas arbitrariamente, como es usual.

Para argumentos de línea de comando que no opcionales que son directorios, "ls" por defecto lista los contenidos de directorios, no iterativamente, y omite archivos con nombres empezando con "." . Para otro argumento no opcional, por defecto "ls" lista sólo el nombre de archivo. Si ningún argumento no opcional es especificado, "ls" opera en el directorio actual, actuando como si hubiese sido invocado con un solo argumento de ".".

Por defecto, la salida es ordenada alfabéticamente, de acuerdo a las configuraciones locales en efecto. (1) si la salida estándar es una terminal, (algo de la información la obtendrás luego de escribir el comando info)

Alias (para crear tus comandos)

Youruser @ linux:~$ type cd

cd is a shell builtin

Youruser @ linux:~$ type puty

bash: type: puty: not found

Si intentaste escribir algún nombre de comando que no está integrado en el shell, obtendrás un mensaje de "bash: type: command: not found"

Así que vamos a crear nuestro comando que es "puty"Youruser @ linux:~$ alias puty='cd /usr; ls; cd -'

Ahora escribamos el commando

Youruser @ linux:~$ puty

bin games include lib local sbin share src x86_64-linux-gnu

/home/ Youruser

Youruser @ linux:~$ type puty

puty is aliased to `cd /usr; ls; cd -'

Ahora borremos el comando o "usemos unalias"

Youruser @ linux:~$ unalias puty

Youruser @ linux:~$ puty

No command 'puty' found, did you mean:

Command 'putty' from package 'putty' (universe)

Preguntas

1. Describe diferentes tipos de comandos

2. Crea un alias usando algún nombre para hacer una función específica

3. Prueba los comandos de info y man y explica la diferencia entre ellos

Capítulo 5

Búsqueda

Lo que aprenderás en este capítulo

📓Búsqueda de texto

Lo que necesitarás para este capítulo

📓PC con sistema operativo Linux/UNIX

En esta parte aprenderás a crear un archivo usando la línea de comandos

Hay dos comandos que necesitarás para encontrar archivos en Linux

• locate→ puedes usar este comando para encontrar archivos usando sus nombres

47

- find → este comando puede usarse para encontrar archivos en una jerarquía de directorio

Estos también son comandos que te ayudan a buscar y explorar los archivos en Linux

- xargs→ para ayudarte a construir líneas de comandos de las entradas

- touch → para cambiar el tiempo de tus archivos

- stat → para mostrar el estado del archivo

Vamos a poner manos a la obra

Locate

Youruser @ linux:~$ locate bin/zip

/usr/bin/zip

/usr/bin/zipcloak

/usr/bin/zipdetails

/usr/bin/zipgrep

/usr/bin/zipinfo

/usr/bin/zipnote

/usr/bin/zipsplit

Como puedes ver el programa locate lleva a cabo la búsqueda como una búsqueda de base de datos rápida, y luego te da las salidas como sub cadenas de caracteres, si quisieras buscar o encontrar todos los programas que empiezan con "zip", entonces la salida será cualquier nombre de ruta con zip tal como la salida anterior

Puedes combinar locate con grep para obtener más salidas

Youruser @ linux:~$ locate zip | grep bin

/bin/bunzip2

/bin/bzip2

/bin/bzip2recover

/bin/gunzip

/bin/gzip

/usr/bin/funzip

/usr/bin/gpg-zip

/usr/bin/mzip

/usr/bin/preunzip

/usr/bin/prezip

/usr/bin/prezip-bin

/usr/bin/unzip

/usr/bin/unzipsfx

/usr/bin/zip

/usr/bin/zipcloak

/usr/bin/zipdetails

/usr/bin/zipgrep

/usr/bin/zipinfo

/usr/bin/zipnote

/usr/bin/zipsplit

/usr/lib/klibc/bin/gunzip

/usr/lib/klibc/bin/gzip

/usr/share/man/man1/prezip-bin.1.gz

Probemos el segundo comando para encontrar los archivos

Find

Youruser @ linux:~$ find ~

Esto te producirá una gran lista como la siguiente

Contemos el número de archivos usando wc

Youruser @ linux:~$ find ~ | wc –l

You will get 656

Hay tipos de archivos que buscarás tales como los siguientes

- b → para el tipo de archivo de dispositivo especial

- c → para el archivo de dispositivo de carácter

- d → Para directorios

- f → Para los archivos regulares

- l → Para los enlaces simbólicos

Probemos un ejemplo

Youruser @ linux: ~$ find ~ -type f -name "*.JPG" -size +1M | wc -l

Obtendrás el número de archivos de estas preferencias, si no hay tales archivos obtendrás

En la línea previa usamos- name seguido de un patrón de comodín.

Puedes usar estos caracteres para encontrar los archivos con tamaños específicos

- b→ para bloques de 512byte. Los 512 bytes están por defecto

- C→ para Bytes

- W→ Para las palabras de 2 bytes

- K→ Para kilobytes (un kilobyte= 1024 bytes)

- M→ Para megabytes (un megabyte= 1048576 bytes)

- G → Para gigabyte (un gigabyte= 1073741824 bytes)

El comando find soporta una gran cantidad de pruebas

-cmin n → para emparejar archivos que han sido modificados por atributos (n para minutos)

-cnewer file → para encontrar archivos que han sido modificados recientemente

-ctime n →para emparejar archivos que han sido modificados en las últimas n*24 horas

-empty → para emparejar cualquier archivo en blanco

-group name→ para emparejar cualquier grupo de archivos usando nombres o números

--iname pattern → tal como el -name test

-inum n→ para emparejar archivos con número n

-mmin n→ para emparejar archivos que han sido modificados en los últimos n minutos

-mtime → para emparejar todos los archivos que han sido modificados en las últimas n*24 horas

-name pattern → para emparejar todos los archivos con comodines específicos

-newer file → para emparejar todos los archivos que han sido modificados recientemente

-nouser→ para emparejar archivos que no pertenecen a ningún usuario existente

-nogroup → para emparejar archivos que no pertenecen a ningún grupo existente

-perm mode→ para emparejar todos los archivos que tienen conjuntos de permisos

-samefile name → para emparejar todos los archivos que comparten algún atributo como el nombre de archivo

-size n → para emparejar archivos con tamaño n

-type c → para emparejar archivos con tipo c

-user name → para emparejar archivos que pertenecen a cualquier nombre de usuario

Operadores

Si usas todas las pruebas anteriores encuentras tener, aún tendrás que usar algo llamado operadores lógicos (and, or , not…)

And → para hacer coincidir si ambas pruebas son ciertas

Or → para hacer coincidir si una de las pruebas es cierta

Not → para hacer coincidir si una es falsa

Por ejemplo si tienes dos expresiones

Expresión1	operador	Expresión2
True	-and	will be exceuted
False	-and	will not be exceuted
True	-or	will not be exceuted
False	-or	will be exceuted

Acciones Predefinidas

El comando find te permite usar algunas acciones predefinidas como las siguientes

-delete→ para borrar el archivo actual

-ls→ para realizar una acción como el comando ls- dils

-print→ para mostrar la salida del nombre de ruta completo del archivo

-quit → para salir, si se ha hecho la coincidencia

Puedes usar print para borrar archivos

Youruser @ linux: ~$ find ~ -type f -name '*.BAK' –delete

Acciones Definidas por el Usuario

Puedes también invocar comandos que son arbitrarios. Puedes hacer eso con -exec action, por ejemplo:

-exec your command {};

Youruser @ linux: ~$ find ~ -type f -name 'putty*' -ok ls -l '{}' ';'

< ls ... /home/ Youruser /bin/'putty > ? y

-rwxr-xr-x 1 Youruser Youruser 224 2017-08-02 12:53 /home/ Youruser /bin/'putty

< ls ... /home/ Youruser /'putty.txt > ? y

-rw-r--r-- 1 Youruser Youruser 0 2017-08-02 12:53 /home/me/'putty.txt

En el ejemplo anterior usamos la cadena de caracteres "putty" y ejecutamos el comando ls, finalmente, usamos la acción –ok para indicar al usuario ante el comando ls

Xargs

Youruser @ linux: ~$ find ~ -type f -name putty*' -print | xargs ls –l

-rwxr-xr-x 1 Youruser Youruser 224 2017-08-02 18:44 /home/ putty /bin/ putty

-rw-r--r-- 1 Youruser Youruser 0 2017-08-02 12:53 /home/ Youruser / putty.txt

El comando xargs acepta la entrada y la convierte en un argumento

Las opciones find

-depth: para procesar el archivo antes del directorio mismo

-maxdepth levels: para fijar el número máximo de los niveles

-mindepth levels: para fijar el número mínimo de los niveles

-mount: para cruzar archivos que están montados en otros archivos

-noleaf: para escanear sistema de archivo DOS/Windows

Preguntas

1.   Lista los tipos de archivos que buscarás

2.   ¿Cuál es la diferencia entre acciones definidas por el usuario y las acciones predefinidas?

3.   Explica el uso de los siguientes:

     -   Xargs

     -   quit option

     -   the and operator

Capítulo 6

Procesamiento de Texto

Lo que aprenderás en este capítulo

Procesar texto

Lo que necesitarás para este capítulo

PC con sistema operativo Linux/UNIX

Cualquier sistema similar a UNIX como el sistema operativo Linux tiene muchos archivos de texto para almacenamiento de datos, de modo que hay muchas herramientas para trabajar con estos datos" herramientas de procesamiento de texto", principalmente trabajarás con los programas que son usados para formatear texto

Hay muchos tipos de textos

- Documentos

- Páginas webs

- Correos electrónicos

- Código fuente

Ahora es tiempo de trabajar con algunos commandos

Cat

El comando cat tiene muchas opciones para ayudarte a visualizar el contenido de tu texto. Por ejemplo está la opción A que se usa para mostrar caracteres no imprimibles en tu texto, probemos este commando

Youruser @ linux: ~$ cat > myfile.txt

Hello,

This is a file for testing, Thank you

Youruser @ linux: ~$ cat -A myfile.txt

Hello, $

This is a file for testing $

Thank you $

Probemos otra opción, que es la –ns

Youruser @ linux: ~$ cat > myfile.txt

This is

another option (-ns)

Youruser @ linux: ~$ cat -ns myfile.txt

  1   This is

  2

  3   another option (-ns)

Sort

El programa/comando sort se usa para ordenar los contenidos de tu entrada. Funciona como el comando cat (la misma técnica)

Youruser @ linux: ~$ sort > myfile.txt

La primera línea

La segunda línea

La tercera línea

Youruser @ linux: ~$ cat myfile.txt

La primera línea

La segunda línea

La tercera línea

du

El comando du se usa para listar el resultado de tu resumen en el orden del nombre de ruta

Youruser @ linux: ~$ du -s /usr/share/*

1580   /usr/share/2013.com.canonical.certification:checkbox

16   /usr/share/2013.com.canonical.certification:plainbox-resources

200   /usr/share/accounts

12   /usr/share/accountsservice

268   /usr/share/aclocal

8   /usr/share/acpi-support

20   /usr/share/activity-log-manager

8   /usr/share/adduser

432   /usr/share/adium

148   /usr/share/aisleriot

676   /usr/share/alsa

36   /usr/share/alsa-base

720   /usr/share/appdata

51280   /usr/share/app-install

12   /usr/share/application-registry

680   /usr/share/applications

856   /usr/share/apport

12	/usr/share/apps
8	/usr/share/apt
16	/usr/share/apturl
236	/usr/share/apt-xapian-index
7168	/usr/share/arduino
1624	/usr/share/aspell
16	/usr/share/avahi
19200	/usr/share/backgrounds
40	/usr/share/base-files
12	/usr/share/base-passwd
2256	/usr/share/bash-completion
12	/usr/share/binfmts
1156	/usr/share/branding
740	/usr/share/brasero
12	/usr/share/brltty
800	/usr/share/bug
12	/usr/share/build-essential
712	/usr/share/ca-certificates
12	/usr/share/ca-certificates-java
432	/usr/share/calendar

28	/usr/share/ccsm
236	/usr/share/checkbox-gui
12	/usr/share/click
7720	/usr/share/codeblocks
176	/usr/share/cogl
300	/usr/share/color
472	/usr/share/colord
12	/usr/share/columbus1
4228	/usr/share/command-not-found
208	/usr/share/common-licenses
1348	/usr/share/compiz
36	/usr/share/compizconfig
1428	/usr/share/consolefonts
52	/usr/share/console-setup
112	/usr/share/consoletrans
7448	/usr/share/cups
944	/usr/share/dbus-1
28	/usr/share/debconf
48	/usr/share/debhelper
8	/usr/share/debianutils

12	/usr/share/deja-dup
160	/usr/share/desktop-directories
436	/usr/share/dh-python
1396	/usr/share/dict
36	/usr/share/dictionaries-common
384	/usr/share/djvu
16	/usr/share/dns
8	/usr/share/dnsmasq-base
109440	/usr/share/doc
172	/usr/share/doc-base
40	/usr/share/dpkg
336	/usr/share/emacs
1328	/usr/share/empathy
8	/usr/share/enchant
148	/usr/share/eog
248	/usr/share/evince
12	/usr/share/evolution-data-server
5120	/usr/share/example-content
12	/usr/share/extra-xdg-menus
52	/usr/share/farstream

2892	/usr/share/file
8	/usr/share/file-roller
16	/usr/share/fontconfig
98596	/usr/share/fonts
6868	/usr/share/fonts-droid
16	/usr/share/foo2qpdl
1800	/usr/share/foo2zjs
68	/usr/share/gcc-4.9
956	/usr/share/gconf
184	/usr/share/GConf
28	/usr/share/gcr-3
440	/usr/share/gdb
28	/usr/share/gdm
428	/usr/share/gedit
8	/usr/share/geoclue-providers
4716	/usr/share/GeoIP
1432	/usr/share/gettext
4912	/usr/share/ghostscript
1976	/usr/share/glib-2.0
460	/usr/share/gnome

12	/usr/share/gnome-background-properties
36	/usr/share/gnome-bluetooth
32	/usr/share/gnome-control-center
1024	/usr/share/gnome-mahjongg
88	/usr/share/gnome-mines
32	/usr/share/gnome-online-accounts
32	/usr/share/gnome-session
28	/usr/share/gnome-shell
12	/usr/share/gnome-sudoku
32	/usr/share/gnome-user-share
140	/usr/share/gnome-video-effects
44	/usr/share/gnome-vpn-properties
16	/usr/share/gnupg
1612	/usr/share/groff
2504	/usr/share/grub
24	/usr/share/grub-gfxpayload-lists
96	/usr/share/gst-plugins-base
16	/usr/share/gstreamer-0.10
28	/usr/share/gstreamer-1.0
484	/usr/share/gtk-doc

68	/usr/share/gtk-engines
1584	/usr/share/gtksourceview-3.0
4148	/usr/share/guile
6084	/usr/share/gutenprint
116	/usr/share/gvfs
1244	/usr/share/hal
12	/usr/share/hardening-includes
90728	/usr/share/help
6864	/usr/share/help-langpack
13756	/usr/share/hplip
700	/usr/share/hunspell
60	/usr/share/hwdata
8872	/usr/share/i18n
412	/usr/share/ibus
1016	/usr/share/ibus-table
140524	/usr/share/icons
132	/usr/share/idl
180	/usr/share/im-config
24	/usr/share/indicator-application
20	/usr/share/indicators

1120	/usr/share/info
252	/usr/share/initramfs-tools
40	/usr/share/insserv
100	/usr/share/intltool-debian
12	/usr/share/iptables
748	/usr/share/java
1652	/usr/share/javazi
16	/usr/share/kde4
24	/usr/sharc/keyrings
88	/usr/share/language-selector
20	/usr/share/language-support
36	/usr/share/language-tools
8	/usr/share/libaudio2
8	/usr/share/libc-bin
676	/usr/share/libexttextcat
28	/usr/share/libgnomekbd
736	/usr/share/libgphoto2
1412	/usr/share/libgweather
1452	/usr/share/liblangtag
6300	/usr/share/liblouis

16	/usr/share/libnm-gtk
32	/usr/share/libparse-debianchangelog-perl
328	/usr/share/libquvi-scripts
27288	/usr/share/libreoffice
4	/usr/share/libsensors4
556	/usr/share/libthai
4192	/usr/share/libtimezonemap
116	/usr/share/libvisual-plugins-0.4
608	/usr/share/libwacom
28	/usr/share/lightdm
3580	/usr/share/lintian
12	/usr/share/linux-sound-base
29288	/usr/share/locale
10156	/usr/share/locale-langpack
12	/usr/share/locales
27404	/usr/share/man
12	/usr/share/man-db
108	/usr/share/maven-repo
1032	/usr/share/media-player-info
192	/usr/share/menu

12	/usr/share/metacity
5572	/usr/share/mime
36	/usr/share/mime-info
188	/usr/share/mimelnk
932	/usr/share/misc
332	/usr/share/mobile-broadband-provider-info
36	/usr/share/mousetweaks
12	/usr/share/mozilla
124	/usr/share/nano
20	/usr/share/nautilus-share
576	/usr/share/nm-applet
1992	/usr/share/notify-osd
888	/usr/share/nux
4	/usr/share/omf
20232	/usr/share/onboard
40	/usr/share/oneconf
80	/usr/share/open-vm-tools
240	/usr/share/orca
12	/usr/share/os-prober
16	/usr/share/p11-kit

4	/usr/share/package-data-downloads
44	/usr/share/pam
20	/usr/share/pam-configs
19396	/usr/share/perl
6396	/usr/share/perl5
484	/usr/share/pixmaps
96	/usr/share/pkgconfig
4	/usr/share/pkg-config-crosswrapper
12	/usr/share/plainbox-providers-1
24	/usr/share/pnm2ppa
828	/usr/share/polkit-1
12196	/usr/share/poppler
12	/usr/share/popularity-contest
260	/usr/share/ppd
20	/usr/share/ppp
244	/usr/share/pulseaudio
32	/usr/share/purple
296	/usr/share/python
188	/usr/share/python3
2640	/usr/share/python3-plainbox

168	/usr/share/python-apt
9952	/usr/share/qt4
9116	/usr/share/qt5
12	/usr/share/qtchooser
12	/usr/share/qtdeclarative5-ubuntu-web-plugin
8	/usr/share/readline
36	/usr/share/remmina
8	/usr/share/resolvconf
676	/usr/share/rhythmbox
8	/usr/share/rsyslog
352	/usr/share/samba
652	/usr/share/seahorse
64	/usr/share/session-migration
136	/usr/share/sgml
16	/usr/share/sgml-base
808	/usr/share/shotwell
88	/usr/share/simple-scan
696	/usr/share/snmp
3828	/usr/share/software-center
128	/usr/share/software-properties

13936	/usr/share/sounds
100	/usr/share/speech-dispatcher
33448	/usr/share/sphinx-voxforge-en
8	/usr/share/ssl-cert
1652	/usr/share/system-config-printer
12	/usr/share/systemd
8	/usr/share/sysv-rc
20	/usr/share/tabset
3632	/usr/share/tcltk
60	/usr/share/telepathy
3984	/usr/share/themes
16	/usr/share/thumbnailers
128	/usr/share/totem
828	/usr/share/transmission
64	/usr/share/ubuntu-drivers-common
172	/usr/share/ubuntu-release-upgrader
460	/usr/share/ufw
20	/usr/share/unattended-upgrades
1172	/usr/share/unity
1524	/usr/share/unity-control-center

120	/usr/share/unity-greeter
448	/usr/share/unity-scopes
44	/usr/share/unity-settings-daemon
56	/usr/share/unity-webapps
40	/usr/share/update-manager
104	/usr/share/update-notifier
220	/usr/share/upstart
12	/usr/share/url-dispatcher
76	/usr/sharc/usb-creator
20	/usr/share/usb_modeswitch
28	/usr/share/vim
40	/usr/share/vino
12	/usr/share/vte
1080	/usr/share/webbrowser-app
292	/usr/share/webkitgtk-3.0
5520	/usr/share/X11
108	/usr/share/xdiagnose
8	/usr/share/xgreeters
1660	/usr/share/xml
12	/usr/share/xml-core

8	/usr/share/xsessions
916	/usr/share/xul-ext
1816	/usr/share/yelp

Para evitar mostrar esta lista tan larga deberías escribir lo siguiente

Youruser @ linux: ~$ du -s /usr/share/* | head

1580	/usr/share/2013.com.canonical.certification:checkbox
16	/usr/share/2013.com.canonical.certification:plainbox-resources
200	/usr/share/accounts
12	/usr/share/accountsservice
268	/usr/share/aclocal
8	/usr/share/acpi-support
20	/usr/share/activity-log-manager
8	/usr/share/adduser
432	/usr/share/adium
148	/usr/share/aisleriot

Usamos head para limitar los resultados

Youruser @ linux: ~$ du –s /usr/share/* | sort –nr | head

140524 /usr/share/icons

109440 /usr/share/doc

98596 /usr/share/fonts

90728 /usr/share/help

51280 /usr/share/app-install

33448 /usr/share/sphinx-voxforge-en

29288 /usr/share/locale

27404 /usr/share/man

27288 /usr/share/libreoffice

20232 /usr/share/onboard

En el programa anterior usamos la opción nr para obtener el ordenamiento reverso

Podemos usar el comando ls para ordenar los archivos por tamaño

Youruser @ linux: ~$ ls -l /usr/bin | sort -nr -k 5 | head

-rwxr-xr-x 1 root root   6201336 Mar 21 2015 gdb

-rwxr-xr-x 1 root root   4324248 Jan 15 2015 shotwell

-rwxr-xr-x 1 root root   4091712 Mar 26 2015 python3.4m

-rwxr-xr-x 1 root root   4091712 Mar 26 2015 python3.4

```
-rwxr-xr-x 1 root root    3773512 Apr  2  2015 python2.7

-rwxr-xr-x 1 root root    3120496 Dec  9  2014 vim.tiny

-rwxr-xr-x 1 root root    2736624 Apr 10  2015 ld.gold

-rwxr-xr-x 1 root root    2540272 Apr 10  2015 dwp

-rwxr-xr-x 1 root root    2388960 Mar 19  2015 Xorg

-rwxr-xr-x 1 root root    1422328 Apr 16  2015 nautilus
```

Uniq

El comando uniq es bastante similar al comando cat pero el uniq es un comando/programa ligero

Youruser @ linux: ~$ uniq myfile.txt

the first line

the second line

the third line

Youruser @ linux: ~$ cat myfile.txt

the first line

the second line

the third line

No hay diferencias entre uniq y cat excepto que uniq remueve las líneas duplicadas

Cut

El programa/comando cut se usa para cortar una línea de un archivo y luego dar como salida la línea

 Youruser @ linux: ~$ cut -f 3 myfile.txt

the first line

the second line

the third line

comm

Podemos usar el programa comm para comparar entre los archivos de texto y las líneas de salida únicas

Youruser @ linux: ~$ cat > file1.txt

r

t

y

k

l

Youruser @ linux: ~$ cat > file2.txt

r

t

n

m

l

q

Youruser @ linux: ~$ comm file1.txt file2.txt

        r

        t

    n

comm: file 2 is not in sorted order

    m

    l

    q

y

comm: file 1 is not in sorted order

k

1

diff

El comando diff es bastante similar al comando comm el cual es usado para detectar cualquier diferencia entre archivos, pero diff es una herramienta más compleja y también la salida será en un estilo diferente

Youruser @ linux: ~$ diff file1.txt file2.txt

3,4c3,4

< y

< k

> n

> m

5a6

> q

Puedes usar también la opción c para el comando diff como sigue

Youruser @ linux: ~$ diff -c file1.txt file2.txt

*** file1.txt   2017-08-05 03:51:10.934914126 -0700

--- file2.txt   2017-08-05 03:51:40.610913457 -0700

****

*** 1,5 ****

  r

  t

! y

! k

  l

--- 1,6 ----

  r

  t

! n

! m

  l

+ q

Preguntas

1. Esplique los tipos de archivos

2. ¿Cuál es la diferencia entre los siguientes comandos?

   - Los comandos diff y comm

   - Los comandos cat y uniq

Capítulo 7

Escritura de Guiones

Lo que aprenderás en este capítulo

📽️Escribir guiones de Shell

📽️Entender Variables de Shell

Lo que necesitarás para este capítulo

📽️PC con sistema operativo Linux/UNIX

El guion de Shell es un archivo que tiene un conjunto de instrucciones/comandos

El shell puede leer el archivo y ejecutar los comandos como el compilador o interpretador

Pasos para escribir tu Guion de Shell

- Escribe tu guion

- Haz tu guion ejecutable

- Guarda el guion en algún lugar

Vamos a jugar

Crearemos el primer guion de programa shell

#!/bin/bash

This is your first script

echo ' Hello Shell Script '

This is a comment

El shell ignorará los comentarios; el comentario se usa para hacer tu código más legible.

Si quieres correr el guion deberías primero escribir la ruta, si no quieres obtener un error como este

Bash: hello_shell: command not found,

Pero deberías escribir tu comando como el siguiente commando

Youruser @ linux: ~$./hello_Shell #the file name

Hello Shell!

Puedes ver el contenido de la ruta (PATH) usando este commando

Youruser @ linux: ~$ echo $PATH

/home/me/bin:/usr/local/sbin:/usr/local/bin:/usr/sbin:/usr/bin:/sb
in:

/bin:/usr/g

Creemos un proyecto

Empecemos con el código HTML

<HTML>

<HEAD>

<TITLE> The Title</TITLE>

</HEAD>

<BODY>

Content

</BODY>

</HTML>

Guarda esto como project.html (usando cualquier editor de texto)

Luego puedes escribir el siguiente guion

#!/bin/bash

Program to output a system information page

echo "<HTML>"

echo " <HEAD>"

echo " <TITLE>The Title</TITLE>"

echo " </HEAD>"

echo " <BODY>"

echo " Content."

echo " </BODY>"

echo "</HTML>"

Ahora vamos a hacerlo ejecutable

Youruser @ linux: ~$ chmod 755 ~/bin/sys_info_page

Youruser @ linux: ~$ sys_info_page

Ahora debería ver el texto HTML en la pantalla, también verás el texto en tu buscador web

Youruser @ linux: ~$ sys_info_page > sys_info_page.html

Youruser @ linux: ~$ firefox sys_info_page.html

Hagamos algunos cambios en tu programa

Youruser @ linux: ~$ echo "<HTML>

> <HEAD>

> <TITLE>The Title</TITLE>

> </HEAD>

> <BODY>

> Page body.

```
> </BODY>

> </HTML>"
```

La segunda fase de tu programa (añadir datos)

```
#!/bin/bash

# Program show sys info

echo "<HTML>

<HEAD>

<TITLE>Sys Info Report</TITLE>

</HEAD>

<BODY>

<H1>Sys Info Report</H1>

</BODY>

</HTML>"
```

Variables

Una variable es un área almacenada en la memoria que guarda tus valores

Añadamos algunas variables a tu programa

```
#!/bin/bash
```

```
# Program to output a sys Info page

mytitle="Sys Info Report"

echo "<HTML>

<HEAD>

<TITLE>$mytitle</TITLE>

</HEAD>

<BODY>

<H1>$mytitle</H1>

</BODY>

</HTML>"
```

Al crear la variable $mytitle y asignarla a tu valor "Sys Info Report"

Puedes simplemente crear una variable como el siguiente ejemplo
[Youruser @ linux: ~$ var="ok"

Youruser @ linux: ~$ echo $var

ok

Youruser @ linux: ~$ echo $varl

Vamos a añadir algunos datos a tu programa

```bash
#!/bin/bash

# Program to output a sys info page

myTITLE="Sys Info Report For $myHOSTNAME"

myCURRENT_TIME=$(date +"%x %r %Z")

TIMESTAMP="Generate $myCURRENT_TIME, by $myUSER"

echo "<HTML>

<HEAD>

<TITLE>$myTITLE</TITLE>

</HEAD>

<BODY>

<H1>$myTITLE</H1>

<P>$myTIMESTAMP</P>

</BODY>

</HTML>"
```

Funciones de Shell

Una función es un conjunto de códigos o instrucciones que pueden ser usados muchas veces ("escríbelo una vez y úsalo muchas veces"), puedes escribir la función de esta forma

```
Function name {

Instructions / commands

Return

}
```

Vamos a escribir tu primera función

```
#!/bin/bash

# Shell function myfunction

function myfunction {

echo "command 2"

return

}

# your program will start here

echo "command 1"
```

Vamos a añadir algunas funciones a tu programa

```
#!/bin/bash

# Program to output a sys info page
```

```
myTITLE="Sys Info Report For $myHOSTNAME"

CURRENT_TIME=$(date +"%x %r %Z")

myTIMESTAMP="Generate $myCURRENT_TIME, by $myUSER"

myreport_uptime () {

return

}

myreport_disk_space () {

return

}

myreport_home_space () {

return

}

cat << _EOF_




<HTML>

<HEAD>

<TITLE>$myTITLE</TITLE>
```

```
</HEAD>

<BODY>

<H1>$myTITLE</H1>

<P>$myTIMESTAMP</P>

$(myreport_uptime)

$(myreport_disk_space)

$(myreport_home_space)

</BODY>

</HTML>

_EOF_
```

● Deberías mantener en mente que tu función debe contener al menos un comando, y el comando return es opcional

Tipos de Variables

● **Variable Local:** puedes usar la variable local justo dentro del cuerpo de la función

● **Variable global:** la variable global se usa dentro y fuera del **cuerpo de la función, aquí hay un ejemplo**

```
#!/bin/bash

# local-myvars: script to show local variables
```

```
myfee=0 # myglobal variable foo

func () {

local foo # variable myfee local to func

myfee=1

echo "func: myfee = $myfee"

}

func_2 () {

local myfee # variable myfee local to func_2

myfee=2

echo "func_2: myfee = $myfee"

}

echo "global: myfee = $myfee"

func
```

Vamos a darle eco a la salida

```
echo "global: myfee = $myfee"

func_2

echo "global: myfee = $myfee"

Youruser @ linux: ~$ local-myvars

global: myfee = 0
```

```
func: myfee = 1

global: myfee = 0

func_2: myfee = 2

global: myfee = 0

Youruser @ linux: ~$ sys_info_page

<HTML>

<HEAD>

<TITLE>System Info Report </TITLE>

</HEAD>

<BODY>

<H1>System Info Report For linux</H1>

<P>Generate 03/8/2017 04:02:10 PM EDT, by Youruser </P>

</BODY>

</HTML>

myreport_uptime () {

echo "Func myreport_uptime executed."

return

}

myreport_disk_space () {

echo "Func myreport_disk_space executed."
```

```
return

}

myreport_home_space () {

echo "Func myreport_home_space executed."

return

}
```

Y ahora puedes correr el guion de nuevo

Youruser @ linux: ~$ sys_info_page

```
<HTML>

<HEAD>

<TITLE>System Information Report For linuxbox</TITLE>

</HEAD>

<BODY>

<H1>Sys Info Report H1>

<P>Generate 03/8/2017 05:17:26 AM EDT, by Youruser</P>

Func myreport_uptime executed.

Func myreport_disk_space executed.

Func myreport_home_space executed.

</BODY>
```

</HTML

Ahora puedes ver tus tres funciones

• La primera función

```
myreport_uptime () {

cat <<- _EOF_

<H2>mySystem myUptime</H2>

<PRE>$(myuptime)</PRE>

_EOF_

return

}
```

• La segunda función

```
myreport_disk_space () {

cat <<- _EOF_

<H2>myDisk Space Utilization</H2>

<PRE>$(df -h)</PRE>

_EOF_

return

}
```

- La tercera función

```
myreport_home_space () {
cat <<- _EOF_
<H2>myHome Space Utilization</H2>
<PRE>$(du -sh /home/*)</PRE>
_EOF_
return
}
```

Capítulo 8

Bucles y Control de Flujos

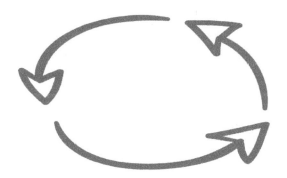

Lo que aprenderás en este capítulo

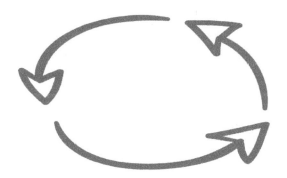Entender los bucles usando while/ until

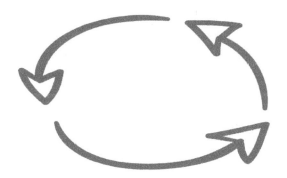Usar las funciones delay y sleep

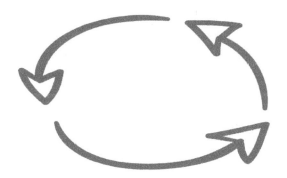Leer archivos con bucles

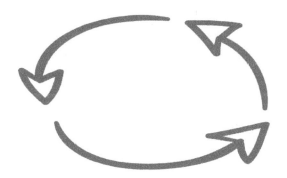Trabajar con variables de shell

Lo que aprenderás para este capítulo

PC con sistema operativo Linux/UNIX

Control de Flujos usando IF

Puedes usar la frase if si quieres hacer algo basado en alguna condición, por ejemplo

Si tu edad es mayor que 18// esta es la condición

Puedes conducir un coche por ti mismo// esta es la acción

Si no// esta es la condición

No puedes conducir un coche // esta es la acción

Esto se llama "lógica"

Escribamos el if en nuestro shell

x=18

if [$x -eq 18]; then

echo "you can drive a car ."

else

echo "x you cannot drive a car ."

fi

Youruser @ linux: ~$ x=18

Youruser @ linux: ~$ if [$x -eq 18]; then echo " you can drive a car "; else echo

" you cannot drive a car "; fi

equals 15

Youruser @ linux: ~$ x=15

Youruser @ linux: ~$ if [$x -eq 15]; then echo " you cannot drive a car "; else echo

"you cannot drive a car "; fi

You cannot drive a car

Estatus de salida

Tus programas darán un valor a tu sistema cuando dejen de ejecutar las instrucciones, este valor va de 0 a 255, aquí hay un ejemplo

Youruser @ linux: ~$ ls -d /usr/bin

/usr/bin

Youruser @ linux: ~$ echo $?

0[

Youruser @ linux: ~$ ls -d /bin/usr

ls: cannot access /bin/usr: No such file or directory

Youruser @ linux: ~$ echo $?

2

Estos dos comandos pueden ser usados para terminar (comandos integrados)

Youruser @ linux: ~$ true

Youruser @ linux: ~$ echo $?

0

Youruser @ linux: ~$ false

Youruser @ linux: ~$ echo $?

1

Puedes también revisar el estatus del comando if usando estos commandos

Youruser @ linux: ~$ if true; then echo "run unsuccessfully."; fi

run unsuccessfully

Youruser @ linux: ~$ if false; then echo "run successfully."; fi

Youruser @ linux: ~$

Comando test

Usarás este comando test casi con la frase if, de su nombre se desprende que prueba y compara muchas cosas

Echa un vistazo al siguiente guion

#!/bin/bash

```bash
# mytest-file: test and check the status of a file
myFILE=~/.bashrc
if [ -e "$myFILE" ]; then
if [ -f "$ myFILE " ]; then
echo "$ myFILE is a regular file."
fi
if [ -d "$ myFILE " ]; then
echo "$ myFILE is a directory."
fi
if [ -r "$ myFILE " ]; then
echo "$ myFILE is readable."
fi
if [ -w "$ myFILE " ]; then
echo "$ myFILE is writable."
fi
if [ -x "$ myFILE " ]; then
echo "$ myFILE is executable/searchable."
fi
else
echo "$ myFILE does not exist"
```

```
exit 1

fi

exit
```

Aquí hay algunos cambios del guion

```
mytest_file () {

# test-file: Evaluate the status of a file

myFILE=~/.bashrc

if [ -e "$myFILE " ]; then

if [ -f "$myFILE " ]; then

echo "$myFILE is a regular file."

fi

if [ -d "$myFILE " ]; then

echo "$myFILE is a directory."

fi

if [ -r "$myFILE " ]; then

echo "$myFILE is readable."

fi

if [ -w "$myFILE " ]; then

echo "$myFILE is writable."
```

```bash
fi

if [ -x "$myFILE " ]; then

echo "$myFILE is executable/searchable."

fi

else

echo "$myFILE does not exist"

return 1

fi

}
```

Ahora empecemos a trabajar las cadenas de caracteres

```bash
#!/bin/bash

# mytest-string: test and check the value of a string

myANSWER=maybe

if [ -z "$myANSWER " ]; then

echo "please enter your answer." >&2

exit 1

fi
```

```bash
if [ "$myANSWER " = "yes" ]; then

echo "The answer is YES."

elif [ "$myANSWER " = "no" ]; then

echo "The answer is NO."

elif [ "$myANSWER " = "maybe" ]; then

echo "your answer is not accurate."

else

echo "your answer is invalid."

fi
```

Ahora es tiempo de mostrarte algunas Expresiones Enteras

Aquí está el programa

```bash
#!/bin/bash

# mytest-integer: evaluate the value of an integer.

myINT=-5

if [ -z "$myINT " ]; then

echo "your INT is empty." >&2

exit 1
```

```bash
fi

if [ $ myINT -eq 0 ]; then

echo "your INT is zero."

else

if [ $myINT -lt 0 ]; then

echo "your INT is negative."

else

echo "your INT is positive."

fi

if [ $(( myINT % 2)) -eq 0 ]; then

echo " your INT is even."

else

echo "your INT is odd."

fi

fi
```

En el siguiente guion obtendrás la nueva versión del test

```bash
#!/bin/bash

# mytest-integer2: test and check the value of an integer.

myINT=-5
```

```
if [[ "$ myINT " =~ ^-?[0-9]+$ ]]; then

if [ $ myINT -eq 0 ]; then

echo " your INT is zero."

else

if [ $ myINT -lt 0 ]; then

echo "your INT is negative."

else

echo "your INT is positive."

fi

if [ $(( myINT % 2)) -eq 0 ]; then

echo " your INT is even."

else

echo "your INT is odd."

fi

fi

else

echo "your INT is not an integer." >&2

exit 1

fi
```

También puedes escribir el guion anterior de una forma más sencilla como esta

```
#!/bin/bash

# mytest-integer2a: test and check the value of an integer.

myINT=-5

if [[ "$ myINT " =~ ^-?[0-9]+$ ]]; then

if ((myINT == 0)); then

echo "your INT is zero."

else

if ((myINT < 0)); then

echo "your INT is negative."

else

echo "your INT is positive."

fi

if (( ((myINT % 2)) == 0)); then

echo "your INT is even."

else

echo "your INT is odd."

fi

fi
```

```
else

echo "your INT is not an integer." >&2

exit 1

fi
```

Combinemos expresiones usando los operadores lógicos

```
#!/bin/bash

# mytest-integer3: determine if an integer is within a

# specified range of values.

myMIN_VAL=1

myMAX_VAL=100

myINT=50

if [[ "$myINT " =~ ^-?[0-9]+$ ]]; then

if [[myINT -ge myMIN_VAL && myINT -le myMAX_VAL ]]; then

echo "$myINT is within $myMIN_VAL to $myMAX_VAL."

else

echo "$myINT is out of range."

fi

else
```

```bash
echo "your INT is not an integer." >&2

exit 1

fi
```

Aquí está otro ejemplo

```bash
#!/bin/bash
# mytest-integer4: determine if an integer is outside a
myMIN_VAL=1
myMAX_VAL=100
myINT=50
if [[ "$myINT" =~ ^-?[0-9]+$ ]]; then
if [[ ! (myINT -ge myMIN_VAL && myINT -le myMAX_VAL) ]];
then
echo "$myINT is outside $myMIN_VAL to $myMAX_VAL."
else
echo "$myINT is in range."
fi
else
```

echo "your INT is not an integer." >&2

exit 1

fi

Bucle

Un bucle es una ejecución repetida de instrucciones basada en algunas condiciones

Bucles While

Puedes construir un bucle while usando la siguiente frase

Example :

#!/bin/bash

#while-counting: show a the number series

Count = 0

While[[$count –le 5]]; do

echo $count

count = $((count +1))

done

echo "done"

Esta es la salida del guión

While-count

0

1

2

3

4

Done

Vamos a explicarte el bucle while

Comandos while, comandos do; done

Al igual que if, while evalúa el estado de salida de un grupo de comandos

Si el estatus de salida es cero, entonces el programa ejecutará la instrucción dentro de tu bucle, como el programa anterior empezó desde 0 hasta que llegó a 4 y salió del bucle

Podemos crear un menú usando el bucle

```
#!/bin/bash

# while-menu: a menu program

DELAY=5 # 5 seconds to display the results

while [[ $Response != 0 ]]; do

clear

cat <<- _END_
```

```
Please Select:

1. Show Info

2. Show your Space

3. Show your Utilization

0. Exit

_END_

read -p "Enter your choice [0-3] > "

if [[ $ Response =~ ^[0-3]$ ]]; then

if [[ $ Response == 1 ]]; then

echo "Your Hostname: $HOSTNAME"

uptime

sleep $DELAY

fi

if [[ $ Response == 2 ]]; then

df -h

sleep $DELAY

fi

if [[ $ Response == 3 ]]; then

if [[ $(id -u) -eq 0 ]]; then

echo "Home Space Utilization (All Users)"
```

```
du -sh /home/*

else

echo " Utilization ($USER)"

du -sh $HOME

fi

sleep $DELAY

fi

else

echo "Invalid choice."

sleep $DELAY

fi

done

echo "exit."
```

Salir del bucle

Bash tiene comandos integrados que pueden usarse para controlar tu flujo dentro del bucle (break y continue). El comando break termina el bucle y el programa irá a ejecutar la siguiente frase. El comando continue también se usa para saltar el resto del bucle

Usemos **break** y **continue** en nuestro guion#!/bin/bash

while-menu2: a menu program

DELAY=5 # Number of seconds to show results

```
while true; do

clear

cat <<- _END_

Please Select:

1. Show Info

2. Show your Space

3. Show your Utilization

0. Exit

_END_

read -p "Enter your choice [0-3] > "

if [[ $ Response =~ ^[0-3]$ ]]; then

if [[ $ Response == 1 ]]; then

echo "your Hostname: $HOSTNAME"

uptime

sleep $DELAY

continue

fi

if [[ $ Response == 2 ]]; then

df -h

sleep $DELAY
```

```
continue

fi

if [[ $ Response == 3 ]]; then

if [[ $(id -u) -eq 0 ]]; then

echo " Utilization (All Users)"

du -sh /home/*

else

  echo " Utilization ($USER)"

du -sh $HOME

fi

sleep $DELAY

continue

fi

if [[ $ Response == 0 ]]; then

break

fi

else

echo "Invalid choice."

sleep $DELAY

fi
```

done

echo "exit."

En el guion anterior usamos un bucle infinito (**while true)** eso significa que funcionará por siempre, el bucle nunca terminará

Until

El comando until es como el while pero peudes usarlo de forma distinta

En lugar de salir de un bucle cuando el estado no es cero, hace lo contrario

```
#!/bin/bash

# until-count: show the number series

count=0

until [[ $count -gt 7 ]]; do

echo $count

count=$((count + 1))

done

echo "done".
```

Leer archivos

```bash
#!/bin/bash
# while-read: read lines from a file
while read Distribution version release; do
printf "Distributions: %s\tVersion: %s\tReleased: %s\n" \
$ distribution \
$ver \
$re
done
done < Distributions.txt
```

Puedes re-direccionar el archivo al bucle al escribir lo siguiente

```bash
#!/bin/bash
# while-read2: read lines from a file
sort -k 1,1 -k 2n Distributions.txt | while read Distribution version release; do
printf " Distribution: %s\tVersion: %s\tReleased: %s\n" \
$ distribution \
$ver \
```

$re

Done

Preguntas

1. ¿Cuál es el uso de las funciones (delay y sleep)?

2. Escribe un guion para mostrar los números del 3 al 11 usando el comando while

3. Escribe el ejemplo 2 pero esta vez usando el comando **until**

Capítulo 9

Diagnóstico de Problemas y Soluciones de Bugs

Lo que aprenderás en este capítulo

Aprende a solucionar los bugs de tus giones

Lo que necesitarás para este capítulo

PC con sistema operativo Linux/UNIX

Tu guion no siempre será sencillo, sino más complejo, pero deberías echar un vistazo a lo que pasará si algo va mal, en esta parte aprenderás diferentes tipos de errores

Errores sintácticos

```
#!/bin/bash

# trouble: script to explain  errors

num=3

if [ $num = 3 ]; then

echo "your Number is equal to 3."

else

echo "Number is not equal to 3."

Fi

Youruser @ linux: ~$ trouble

Number is equal to 3.

The script run successfully
```

Si cambiamos algo en nuestro guion

```
#!/bin/bash
```

```
# trouble: script to show errors

number=3

if [ $number = 3 ]; then

echo "your Number is equal to3.

else

echo "your Number is not equal to 3."

fi
```

Obtendrás lo siguiente

Youruser @ linux: ~$ trouble

/home/ Youruser /bin/trouble: line 10: unexpected EOF while looking for matching `"'

/home/ Youruser /bin/trouble: line 13: syntax error: unexpected end of file

• Hay dos errores en nuestro guion, la frase de cierre y la sintaxis del comando if

Tokens inesperados

Este es otro error común, olvidar completar un comando como el if o while

```
#!/bin/bash

# trouble: script to explain errors

number=3

if [ $number = 3 ] then

echo " your Number is equal to 3"

else

echo " your Number is not equal to 3."

fi
```

Obtendrás lo siguiente

Youruser @ linux: ~$ trouble

/home/ Youruser /bin/trouble: line 9: syntax error near unexpected token

`else'

/home/ Youruser /bin/trouble: line 9: `else'

Es bastante posible tener errores que ocurran en un guion. Quizás el guion será ejecutado bien yo tras veces fallará por la razón de algo que es llamado una expansion

```
#!/bin/bash

# trouble: script to show  errors

Number=3

if [ $number= 3 ]; then

echo "Your Number is equal to 3."

else

echo "Your Number is not equal to 3."

fi
```

Youruser @ linux: ~$ trouble

/home/ Youruser /bin/trouble: line 7: [: =: unary operator expected

Number is not equal to 3

Errores lógicos

Los errores lógicos son el segundo tipo de errores que encontrarás, el interpretador no puede atrapar los errores lógicos

También hay tipos comunes de errores

• Comandos condicionales incorrectos como if/else/then

• Errores por uno, este tipo de errores puede ocurrir cuando tu código hace un bucle con contras

124

Solucionar Bugs

Luego de probar y encontrar los errores en tu guion, el siguiente paso será fijar esos errores, el proceso se llama "Solucionar bugs"

Vamos a echar un vistazo al siguiente guion

```
if [[ -d $dir_myname ]]; then

if cd $dir_myname; then

rm *

else

echo "cannot change directory to '$dir_myname'" >&2

exit 1

fi

# else

# echo "there is no  directory: '$dir_myname'" >&2

# exit 1

fi

echo " now we are deleting files" >&2

if [[ -d $dir_myname ]]; then

if cd $dir_myname; then

echo "we are deleting files" >&2
```

```
rm *

else

echo "cannot change directory  to '$dir_myname'" >&2

exit 1

fi

else

echo "there is no  directory: '$dir_myname'" >&2

exit 1

fi

echo " complete" >&2

delete-script

preparing to delete files

deleting files

deletion complete

Youruser @ linux: ~$

if [ $number = 3 ]; then

echo "Your Number is equal to 3."

else

echo "Your Number is not equal to 3."

Fi
```

Preguntas

1. Lista los tipos de errores

2. ¿Qué es Solucionar bugs?